재밌니

원작 | 정브르

125만 구독자를 보유한 생물 크리에이터로 MCN 회사 샌드박스네트워크 소속이에요. 곤충과 파충류부터 바다생물까지 다양한 생물을 소개하는 참신한 콘텐츠를 선보이며 생물 전문 크리에이터로 큰 사랑을 받고 있답니다. 유튜브 채널에서 동물 사육, 채집 등의 재미있고 유익한 영상을 소개하고 있으며, 도서와 영화를 통해 고유의 콘텐츠와 더불어 동물을 사랑하는 마음까지 대중에게 알리고 있어요.

글 | 한바리

2000년 단편 만화로 데뷔한 이후, 2006년부터 아동 만화의 콘티와 스토리를 쓰고 있어요. 어린이들이 쉽고 재미있게 읽을 수 있는 이야기를 만들기 위해 노력하고 있죠. 대표작으로 《세계 도시 보물찾기》 시리즈 등이 있답니다.

그림 | 도니패밀리

귀여운 그림과 재미있는 표정 연출이 주특기인 신재환, 정동호 두 그림 작가로 이루어진 팀이에요. 그림을 보며 즐거워하는 독자들의 모습을 상상하면 도니패밀리의 에너지는 빵빵해집니다. 재미있고 늘 생각나는 만화를 만들기 위해 즐겁게 그림을 그린답니다.

감수 | 샌드박스네트워크

대한민국을 대표하는 MCN 기업으로, 건전하고 다양한 디지털 콘텐츠를 만들기 위해 노력해요. 도티, 정브르, 옐언니, 급식왕, 민쩌미 등 유명 크리에이터가 소속되어 있어요.

1판 1쇄 발행 2022년 10월 27일   1판 3쇄 발행 2023년 8월 15일

원작 정브르   **글** 한바리   **그림** 도니패밀리   **감수** 샌드박스네트워크
발행인 심정섭   **편집인** 안예남   **편집장** 최영미   **편집자** 손유라, 이은정
출판마케팅 담당 홍성현, 김호현   **제작 담당** 이수행, 정수호   **홍보마케팅** 김지선
발행처 (주)서울문화사   **등록일** 1988년 2월 16일   **등록번호** 제 2-484
주소 서울특별시 용산구 새창로 221-19
전화 편집 02-799-9145   **출판마케팅** 02-791-0752
디자인 윤보현
ISBN 979-11-6923-557-0
　　　979-11-6923-519-8 (세트)

ⓒ정브르 ⓒSANDBOX

장수풍뎅이 유령의 의뢰

원작 **정브르** 글 **한바리** 그림 **도니패밀리**

서울문화사

차 례

1장 장수풍뎅이 유령의 의뢰 ...10

사건 파일 #01

의뢰 곤충 장수풍뎅이 유령

등장 동물 장수풍뎅이, 사슴벌레, 다람쥐

장수풍뎅이 유령의 의뢰

★ 브르의 곤충 탐구 파일

딱정벌레 ... 68
곤충의 더듬이 ... 70

2장 폭탄 방귀 테러 사건 ···72

사건 파일 #02
폭탄 방귀 테러 사건

의뢰 곤충 왕파리, 말잠자리, 말벌

등장 곤충 왕파리, 말잠자리, 말벌, 장수잠자리, 먼지에 덮인 의문의 곤충

 **에필로그** ··· 134

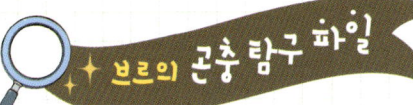

독이 있는 곤충 ··· 138
곤충의 특수한 능력 ··· 140

정답 ··· 142

등장인물

"진정한 탐정이라면 어떠한 일도 외면하면 안 돼!"

"베테랑 곤충 탐정 브르와 고나만 믿으라고!"

정브르

세상의 모든 생물을 사랑하는 진정한 생물 유튜버다. 생물에 대한 상식으로 곤충 세계에서 발생한 사건을 해결해 탐정으로 거듭난다.

고나

탐정을 꿈꾸는 강아지로, 무엇이든 나오는 만능 가방을 가지고 있다. 뛰어난 후각과 청각으로 미스터리한 사건 해결에 도움을 주기도 한다.

지난 줄거리

유튜브로 브린이와 소통 방송을 하던 브르와 고나는 장수말벌 부부가 보낸 수상한 초대장을 받고 곤충 세계로 떠나게 된다.

곤충 세계에 도착한 브르와 고나는 장수말벌 부부의 의뢰를 받아 막내 비비가 실종된 사건을 수사한다. 여러 곤충들을 탐문한 끝에 비비가 납치되었다는 사실을 알게 된 둘은 우여곡절 끝에 비비를 구해 언제든지 곤충 세계에 올 수 있는 만능 초대장을 받는다.

이후 본격적으로 곤충 세계에서 탐정 활동을 하게 된 브르와 고나는 곤충 세계에 출몰한 좀비 떼의 정체를 알아내기 위해 곤충 세계로 떠나는 등 활발히 탐정 활동을 이어 간다.

그러던 어느 날, 브르의 꿈속에 장수풍뎅이 유령이 엉엉 울며 나타난다. 억울함을 풀어 달라며 통곡하던 유령이 어둠 속으로 사라지고, 꿈에서 깬 브르는 유령을 돕기 위해 곤충 세계로 떠나기로 마음을 먹는데…!

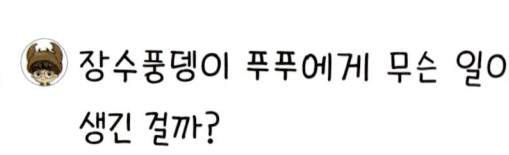

🪲 장수풍뎅이 푸푸에게 무슨 일이 생긴 걸까?

브르는 꿈에 나타나 억울하다며 울던 유령, 푸푸를 생각하느라 밤새 한숨도 못 잤어.

🐶 아직도 그 생각이야? 네가 계속 뒤척이는 바람에 나도 제대로 못 잤다고.

부스스한 모습으로 일어난 고나가 투덜거렸어.

🐶 유령이 왜 탐정을 찾아온 거람….

장수풍뎅이처럼 크고 강한 곤충이 억울함을 풀어 달라고 부탁할 정도면 얼마나 위험한 일일까?

하지만 우리의 도움이 꼭 필요해 보였어!

으으…, 난 유령이라면 질색이라고.

고나는 걱정이 됐어. 수상한 유령의 의뢰를 해결한다는 게 무섭기도 했고.

🧑 진정한 탐정이라면 어떠한 일도 외면하면 안 돼!

고나는 브르의 말을 듣고 마음을 다잡았어.

🐶 대벌레 떼도 상대했는데 유령 쯤이야! 나도 이제 탐정이니까 용기를 낼게!

🧑🐶 으아아아! 빨려 들어간다!

큰소리쳤지만, 고나는 곤충 세계로 가는 동안에도 유령 세계에 떨어질까 봐, 가슴이 콩닥콩닥 뛰었어.

질끈 감았던 눈을 뜨자 익숙한 수풀이 보였어. 브르와 고나는 곤충 세계에 무사히 도착했어.

🐾 그런데 푸푸를 어떻게 찾지?

🧒 곤충들은 주로 수액이 많이 나오는 참나무 밑에 있으니까 거기로 가 보자.

브르는 근처에 있는 커다란 참나무를 가리켰어.

🧒 풍뎅이들을 만나면 푸푸의 행방을 물어보는 거야!

브르와 고나는 커다란 참나무 아래 그늘에 앉아 곤충들을 기다렸어.

시간이 조금 지나자 곤충들이 나타나기 시작했어.

🐞 오~! 달콤한 냄새!

🐝 빨리 자리 맡으러 가야지!

곤충들은 하나같이 참나무 수액 냄새에 코를 킁킁거리며 모여들었지.

🐛 얘들아, 안녕? 난 브르라고 해!

🐶 안녕, 난 고나야!

브르와 고나는 곤충 친구들에게 반갑게 인사했어.

🪲 앗, 너희는 장수말벌을 찾아 줬다는 브르와 고나?

🪲 와! 곤충 탐정을 실제로 만나다니!

몇몇 곤충들이 브르와 고나를 알아보고 방방 뛰며 기뻐했어. 이 소리를 듣고 다른 곤충들이 점점 모여들기 시작했지.

고나는 슈퍼스타가 된 느낌이었어. 수첩을 꺼내 자신을 알아보는 곤충들에게 사인을 해 주었지.

브르는 이런 고나의 모습이 무척 귀여웠지만 곤충 세계에 온 이유를 잊지 않았어.

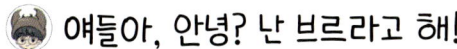

얘들아 혹시 장수풍뎅이 푸푸를 아니? 우린 푸푸를 찾으러 곤충 세계에 왔어.

풍뎅이들은 푸푸의 이름을 듣고 술렁이기 시작했어.

푸푸라면···, 맛있는 수액을 잘 찾는 녀석이잖아?

그런데 겁이 많아서 수액 자리를 항상 왕사슴벌레에게 뺏기지 않았어? 싸우지도 않고 말이야.

푸푸에게 무슨 일이라도 생겼어?

그러고 보니 며칠 전부터 푸푸가 안 보였어.

수액이 있는 곳이라면 어디든 나타나는 녀석인데···.

풍뎅이들도 푸푸가 지금 어디에 있는지 몰랐어. 어디로 가야 할까? 브르는 무척 난감했지.

그때 뒤에서 커다란 발걸음 소리가 들렸어.

발걸음의 주인공은 거대한 왕사슴벌레였어.
왕사슴벌레는 무시무시한 집게를 쩌억 벌리더니 풍뎅이들 앞으로 무섭게 다가왔어.

🐞 푸푸는 오늘도 안 나타난 거냐?

왕사슴벌레는 한껏 거드름을 피우더니 수액 우물에 몰려든 곤충들을 한번에 밀어 버렸어. 그러자 곤충들이 낙엽처럼 나가떨어졌어. 왕사슴벌레는 유유히 가장 좋은 자리를 차지하고 수액을 먹기 시작했지.

🧒 저 왕사슴벌레가 푸푸를 왜 찾는 걸까?
🐶 혹시 저 녀석이 푸푸를 해친 게 아닐까?

🧒 사슴벌레는 풍뎅이의 라이벌이라서 수액 자리를 놓고 싸우는 건 자연스러운 일이긴 한데···.

🐛 얘들아, 왕사슴벌레와 푸푸의 사이는 어땠어?

🪲 말도 마. 푸푸가 찾은 수액 자리를 뺏는 왕사슴벌레가 바로 저 녀석이야.

🪲 곤충들 사이에서 유명한 *앙숙이지. 물론 푸푸는 늘 아무런 저항도 못 하고 도망가 버렸지만.

풍뎅이들의 이야기를 들을수록 느르는 푸푸에 대해 더욱 궁금해졌어.

덩치 큰 장수풍뎅이가 양보만 했다고? 이상한걸?

*앙숙: 앙심을 품고 서로 미워하는 사이.

브르는 푸푸에 대해 물어보려 왕사슴벌레에게 다가갔어. 그리고 그런 브르를 본 고나가 기겁하며 소리쳤어.

🐶 저 왕 집게에 물리면 어떡하려 그래!

브르는 고나에게 괜찮다는 눈짓을 보냈어. 그러곤 왕사슴벌레에게 최근에 푸푸를 본 적이 있냐고 물었지.

푸푸의 이름을 들은 왕사슴벌레는 눈을 치켜뜨며 천둥처럼 크게 소리를 질렀어.

🐶 으앗, 깜짝이야! 일단 도망가자!

브르와 고나는 결국 아무런 단서를 얻지 못했어.

🧑 푸푸가 겁은 많아도 수액을 잘 찾았다고 하니, 다른 나무를 더 둘러보자.

🐶 어, 이것 봐! 여기 도토리들이 완전 많아!

고나가 몸이 작아진 탓에 커다랗게 변해 버린 도토리 위에 올라가 장난을 쳤어.

🧑 참나무에서는 도토리가 많이 열리거든.

🐶 도토리가 많으니 다람쥐도 많겠지?

설마 다람쥐가 우리를 먹이로 생각하진 않겠지?

크아앙!

다다다

데굴

데굴

흔들

다람쥐가 공격하면 인간 세계로 돌아가면 되지.

우당탕! 다람쥐를 상상하며 도토리 위에서 장난을 치던 고나가 미끄러지고 말았어.

끼아아악! 고나 살려!

무슨 일이야! 괜찮아?
풀숲으로 굴러떨어진 고나의 눈앞에는 장수풍뎅이의 시체가 있었어.

설마 푸푸…?

저기…, 장수풍뎅이가 죽어 있어!

너무 놀란 브르와 고나는 자리에 주저앉고 말았어.

🧑 앞으로 잘난 척하지 않을게요! 살려 주세요!

고나는 울음까지 터트렸지. 그런데 그런 고나를 보고 푸푸가 같이 울기 시작했어.

🐛 내가 무서워? 나는 너무 반가운데 엉엉엉···.

왜 이렇게 늦게 왔어! 나 정말 애타게 기다렸다고.

🧒 푸푸가 우리를 해칠 것 같지는 않은데···?

브르의 말에 고나는 눈물을 닦고 푸푸를 봤어.

억울 댄스

정신을 차린 브르는 용기 내어 푸푸에게 말을 걸었어.

- 저기, 춤추는 중에 미안한데 네가 내 꿈속에 찾아왔니?

억울 댄스를 추던 푸푸가 스르르 다가왔어.

- 맞아! 난 내가 어쩌다 죽게 됐는지 알고 싶어. 너희가 곤충들의 문제를 기가 막히게 해결해 준다며?

🪲 나도 그걸 모르겠어···. 내가 어떤 곤충이었는지, 친구는 있었는지. 죽으면 유령이 되어 '죽은 곤충의 세계'로 떠난다는데, 난 아직 이곳을 벗어나지 못하고 있어.

푸푸는 자신의 시체를 보며 눈물을 흘렸어.

🪲 누군가와 얘기하는 것도 처음이야! 아무도 내 목소리를 못 듣거든. 너희는 정말 대단한 능력이 있구나?

브르와 고나도 유령과 대화할 수 있다는 게 정말 놀라웠어. 어쩌면 만능 초대장 덕분에 차원을 이동하며 생긴 능력이 아닐까? 하는 생각이 들었지.

👦 왜 '죽은 곤충의 세계'로 갈 수 없는 걸까?

🐻 생각나는 게 정말 아무것도 없어?

🪲 없어. 내가 어쩌다 죽었는지 몰라 분하고, 억울하다는 생각만 커져 갔어.

🐻 그래서 죽음에 대한 비밀이 궁금한 거구나?

🪲 응. 그 비밀을 풀면 나도 미련 없이 '죽은 곤충의 세계'로 갈 수 있지 않을까?

눈물을 흘리는 푸푸의 모습이 무척 안쓰러웠어.
브르와 고나의 마음속엔 푸푸가 유령이라 무섭다는 생각이 사라진 지 오래였지.

걱정 마! 우리가 너를 도와줄 테니까!
같이 문제를 해결하자.

네가 '죽은 곤충의 세계'에 갈 수 있도록 말이야!

푸푸는 너무 기뻐 환호성을 지르며 브르와 고나의 주위를 빙글빙글 돌았어.

돋보기로 푸푸의 몸을 구석구석 살핀 브르는 푸푸가 죽기 전의 기억을 되살릴 수 있도록 이것저것 질문하기 시작했어.

혹시 왕사슴벌레를 기억해? 너랑 사이가 안 좋았다던데….

그럼 왕사슴벌레가 나를 죽인 건가? 그 녀석이 나의 원수?

그 녀석 성격도 무척 난폭했어!

다른 곤충들이 말하기로 네가 맛있는 수액을 잘 찾았다던데, 기억나?

내가? 그럼 맛있는 수액이 나를 죽인 건가?

기억나는 게 하나도 없나 보군….

그런데 갑자기 푸푸가 눈을 크게 뜨고 머리를 긁적였어.

- 아! 혹시 이게 기억인 건가? 머릿속에 아주 강하게 떠오르는 것이 있어!
- 뭐? 그게 뭔데?

고나에게 핀잔을 들은 푸푸는 풀이 죽어 버렸어.

- 흠…, 곤충들은 네가 맛있는 참나무 수액을 정말 잘 찾았다고 했어. 그건 네가 살아 있을 때 항상 배가 고팠거나 맛있는 음식을 좋아했다는 뜻 아닐까?
- 푸푸가 원래 먹는 걸 좋아했을 수도 있겠네.
- 배고프다는 건…, 내 기억을 찾을 수 있다는 걸까?
- 네가 살아 있을 때의 감정을 느끼는 거니까 분명 좋은 징조일 거야!

브르의 말을 들은 푸푸는 춤추며 기뻐했어. 기억을 되찾고 '죽은 곤충의 세계'에 갈 수 있다는 희망이 생겼거든.

🐛 푸푸가 어떤 아이였는지, 다른 곤충과 *갈등은 없었는지, 자세한 단서를 찾아봐야겠어.

푸푸는 약간 엉뚱한 면이 있지만 순수하고 착한 곤충이었어. 하지만 푸푸가 다른 곤충에게 미움을 사진 않았는지 구체적으로 확인할 필요가 있었어.

👦 그래. 억울한 죽음에는 그만한 이유가 있다는 뜻이지? 역시 넌 내 훌륭한 조수라니까!

푸푸는 고나의 말에 어리둥절했어. 왜냐하면 푸푸는 지금까지 고나가 브르의 조수라고 생각했거든.

*갈등: 서로 마음이 달라 충돌하는 상태.

다시 수액 터로 가자 아까보다 더 많은 곤충이 나무에 모여 수액을 먹고 있었어. 서로 수액이 많이 나오는 자리를 차지하려 싸우느라 정신이 없었지.
윙윙~! 콰직콰직! 할짝할짝! 곤충들의 날갯소리, 발소리 그리고 열심히 수액을 먹는 소리가 숲에 울려 퍼졌어.

🍄 나도 완전 배고파! 참나무 수액을 먹으면 기억이 되돌아올 지도 몰라!

수액을 맛있게 먹는 곤충들을 지긋이 바라보던 푸푸가 침을 흘리며 나무로 날아갔어. 유령이라 다른 곤충들과 몸이 닿지 않는 푸푸가 수액 자리를 독차지할 수 있었어.

하지만 곧 절망하고 말았지.

🍄 으악! 먹을 수가 없잖아! 배고픈 유령은 어떡하라는 거야!

👦 흐음, 참나무 수액이 그렇게 맛있나?

푸푸를 대신해 고나가 나무에 올라가 곤충들 사이를 비집고 들어갔지. 드디어 혓바닥을 살짝 내밀어 수액을 맛보려는 찰나….

우당탕탕! 고나가 커다란 풍뎅이의 뒷발에 걷어차여 나무에서 미끄러지고 말았어.

🪲 그러게 왜 거길 무리하게 들어갔어! 게다가 우리는 곤충들과 입맛이 다르다고.

🐕 한 입만 먹자는 걸 양보도 안 해 주고 너무해! 푸푸도 이렇게 걷어차여서 떨어진 거 아냐?

고나는 민망하고 머쓱한 마음에 브르의 충고를 못 들은 척하고 *화제를 돌려 버렸어.

🪲 아하하, 그런가? 어, 그런데 이 냄새는···?
고나! 네 옆에 수액이 흐르고 있어.

🐕 와, 진짜 수액이다! 푸푸가 살아 있을 때 수액을 잘 찾았다는 말이 사실이었어!

잔뜩 신난 고나는 눈을 반짝이며 흐르는 수액을 핥았어. 그리고 그 맛은···.

*화제: 이야기할 만한 재료나 소재.

괴로워하는 고나를 바라보며 브르가 씨익 웃을 때였어. 주변에 있던 풍뎅이가 다가와 말을 걸었어.

- 너희도 수액을 먹으려고 온 거야?
- 아냐, 우린 푸푸에 대해 물어볼 게 있어서 왔어.

브르는 푸푸가 '죽은 곤충의 세계'에 가지 못하고 떠돌고 있다는 사실을 말해 주었어. 풍뎅이는 매우 슬퍼했지.

- 푸푸에 대해 기억나는 걸 알려 줄 수 있을까?
- 이건 소문인데…, 암컷을 두고 장수풍뎅이 차차랑 경쟁하기로 해 놓고 기권했다는 얘기가 있어.

푸푸가 왕사슴벌레와 싸우는 것을 봤다는 친구도 있었어.

아 참, 예전에 푸푸가 다람쥐한테 먹힐 뻔한 적도 있어!

다행히 누군가 도와줘서 살았지만.

으악, 내 꼬리!

🧑‍🌾 흠, 푸푸의 삶이 순탄하지 않았구나···.

👦 그런데 다람쥐가 풍뎅이를 먹는다고? 다람쥐는 도토리만 먹는 거 아니었어?

🪲 에이, 다람쥐는 잡식성이라 곤충도 잡아먹는다고! '포리'라는 다람쥐가 우리를 얼마나 못살게 구나 몰라.

🐝🪰 뭐, 다람쥐 포리?

정신없이 수액을 먹던 곤충들이 다람쥐 '포리'의 이름을 듣자 소스라치게 놀랐어. 그러더니 하나둘씩 나무를 떠났지.

곤충들이 다 떠나 나무가 텅텅 빈 걸 보니 포리는 꽤 무서운 상대인 것 같았어. 브르는 풍뎅이의 말을 다시 떠올리며 이번 사건의 용의자를 정리했어.

풍뎅이의 말을 정리해 보면 용의자는 셋으로 좁힐 수 있을 것 같아! 고나, 수첩에 잘 메모해 줘.

브르의 이야기를 듣던 푸푸가 의아한 표정을 지었어.

🦌 그런데 내가 암컷을 두고 경쟁하려 했다고?
나도 여자 친구가 있었던 건가?

🐶 그랬을지도 몰라! 뭔가 생각나는 게 있어?

🧒 생각해 봐!

하지만 푸푸는 배고픔에 꼬르륵 소리만 낼 뿐이었어.

🐶 으윽, 이런 중요한 순간에도 배고파하다니….
제발 조금이라도 기억해 내란 말이야!

🛡 안 되겠어! 용의자 명단에 오른 친구들을 찾아가 직접 물어봐야겠어!

🐶 그래! 당장 출발하자!

🛡 먼저 첫 번째 용의자인 포리를 만나야겠어.

🐶 뭐? 포리를 먼저···?

멋있게 앞장서던 고나는 당장 포리를 만나러 간다는 말에 화들짝 놀랐어.

🛡 풍뎅이 사냥꾼이라고 불릴 만큼 강력한 천적이잖아. 당연히 푸푸에게 가장 위험했을 거야!

포리를 찾는 건 어렵지 않았어. 포리는 참나무 아래를 폴짝폴짝 뛰어다니며 도토리를 모으고 있었거든.

안녕! 네가 포리니? 난 브르라고 해!

브르가 인사하자 도토리를 줍던 포리가 슬며시 다가왔어.

탐정 정브르? 소문으로 듣다가 직접 보니 신기하네. 넌 곤충들 의뢰만 받니? 나도 잃어버린 게 있거든.

생각보다 얌전한 포리의 모습에 고나는 조금 안심이 되었어.

묻은 장소를 까먹은 거 아냐?

흐으음, 그런가? 여긴 다 비슷해서.

포리는 낙엽이 쌓인 곳을 바라보며 머리를 긁적였어.

저···, 혹시 장수풍뎅이 푸푸라고 알아?

🐶 혹시 네가 푸푸를 잡아먹은 건 아니지?

🐿️ 그게 뭐 어때서? 풍뎅이는 우리들에게 좋은 영양식이야! 잡아먹는 건 나쁜 행동이 아니라고.

푸푸와 고나는 포리의 말에 경악하고 말았어.

🐿️ 그 녀석을 입에 넣으려는 순간 방해꾼이 내 꼬리를 무는 바람에 놓치고 말았지! 정말 아깝다니까!

👦 그럼 그날 이후로 푸푸를 본 적 없는 거야?

🐿️ 흐흐, 아쉽게도 못 봤어.

브르와 얘기하던 포리가 갑자기 눈을 빛내며 입맛을 다셨어.

다행히도 얘기를 마친 포리는 배고프니 도토리를 찾으러 가겠다며 사라지고 말았어.

🐶 저 녀석이 거짓말하는 거면 어떡하지?

고나는 포리가 의심됐지만 브르는 고개를 저었어.

- 포리가 푸푸를 잡아먹었다면 솔직히 말했을 거야.
- 하지만… 포리는 푸푸를 놓친 게 아쉽다 했다고! 잡아먹고 싶다는 강력한 범행 *동기가 있어.
- 네 말대로 포리가 푸푸를 잡아먹었다면, 시체가 없어야 하는데 푸푸의 몸은 그대로였어. 그리고 가슴에 난 자국도 다람쥐의 이빨은 아니었고.

시체와 가슴에 난 자국! 그제서야 고나는 흥분된 마음을 가라앉히고 이성을 되찾을 수 있었어.

- 포리가 범인이 아니라면 누굴까?

*동기: 어떤 일이나 행동을 일으키게 하는 계기.

하지만 두 번째 용의자, 왕사슴벌레를 찾기는 어려웠어.

🐶 구석구석 다 뒤져 봤는데 없어! 혹시 우리를 피해 숨어 있는 거 아냐?

🧑 의심스럽긴 해···. 우선 조금 더 둘러보자.

🐻 흠, 그렇다면 나도 찾아볼게!

 나무 구멍을 기웃거리던 푸푸는 얼마 지나지 않아 근처에 숨어 있는 왕사슴벌레를 발견했어.

🐻 얘들아! 나무 구멍에 왕사슴벌레가 있어!

 브르와 고나는 서둘러 달려갔어. 하지만 인기척을 느낀 왕사슴벌레는 커다란 집게로 위협했어.

🐛 그 녀석은 용기 없는 겁쟁이야! 싸울 줄도 모르고 주변의 소중한 것도 지킬 줄 모른다고.

🧒 너… 혹시 그 집게로 푸푸를 공격한 적 있어?

🐛 고, 공격이라니! 아니야! 오히려 나는…!

왕사슴벌레는 잔뜩 억울한 표정으로 무언가를 얘기하려다 말을 멈췄어.

너 푸푸에 대해 뭔가 알고 있지?

그, 그건….

왜 나한테 그런 걸 물어보는 거야? 내가 남의 얘기나 떠들고 다니는 수다쟁이인 줄 알아? 탐정이라더니 완전 엉터리야! 저리 가 버려!

왕사슴벌레는 집게로 위협하며 브르와 고나를 쫓아냈어.

가장 의심스러웠던 왕사슴벌레가 입을 다물자 푸푸는 답답함을 느꼈어. 뿔을 들이밀며 위협했지만 왕사슴벌레에겐 아무 일도 벌어지지 않았어. 푸푸는 유령이니까.

그런데 푸푸가 위에서 난리를 친 덕분일까? 작은 나뭇잎이 왕사슴벌레의 집게 위로 떨어졌어.

나뭇잎에 놀란 왕사슴벌레는 푸푸가 있는 곳을 바라보았어.

설마?

푸푸가 보이나?

잠시 허공을 쳐다보던 왕사슴벌레는 귀찮다는 듯 무심하게 나무 구멍으로 쏙 들어갔어.

고나는 그런 왕사슴벌레를 보고 피식 웃음이 나왔어.

난 또 저 녀석한테 푸푸가 보이는 줄 알았잖아!

사실 푸푸는 왕사슴벌레와 눈이 마주쳤다고 생각했어. 그런데 자신의 존재를 알아차리지 못하고 금세 사라져서 일까? 울컥한 감정이 밀려왔지.

아무도 날 못 봐….

🧒 뭔가 숨기는 게 분명한데⋯. 어떻게 알아내지?

왕사슴벌레의 집게 공격을 피해 도망친 브르와 고나는 한숨이 푹푹 나왔어. 푸푸도 축 처져 있었어.

🐐 푸푸, 기죽지 마. 저 녀석이 너를 해친 범인이라는 사실을 꼭 밝혀낼 테니까.

하지만 푸푸는 좀처럼 기운이 나지 않았어.

🐛 왕사슴벌레가 정말 나를 죽인 걸까?

> 저 녀석이 날 죽였다고 생각하니 너무 마음이 아파⋯.

> 푸푸⋯.

🧒 왕사슴벌레가 수상하지만 범인이라고 확신할 수는 없어. 무언가 감추고 있는 게 네 죽음과 어떤 관련이 있을지도 모르고.

브르의 말에 푸푸는 기분이 조금 나아졌어.

🧒 그럼 우리 마지막 용의자를 만나러 가 볼까?

수액 터로 가니 쉽게 차차를 만날 수 있었어.

- 네가 차차구나? 푸푸에 대해 물어볼 게 있어.
- 그 한심한 녀석…, 결국 죽었다면서?

차차는 푸푸의 죽음을 가볍게 여기는 듯했어.

- 곤충들 말로는 네가 암컷을 두고 푸푸와 결투할 예정이 없다는데, 사실이니?
- 맞아. 하지만 그 녀석이 기권해 싸울 수 없었어. 번데기에서 나올 때 뿔이 휘더니 겁쟁이가 됐나 봐.

- 게다가 *유유상종이라고 왕사슴벌레랑 몰래 붙어 다니더니…, 읍!

못마땅한 듯이 말을 쏟아 내던 차차는 갑자기 당황한 표정으로 입을 다물었어.

*유유상종: 비슷한 무리끼리 모여 사귐.

- 혹시 네가 암컷을 두고 푸푸를 괴롭힌 건 아냐?
- 무슨···, 정정당당하게 결투를 제안한 건 나야! 비밀이 밝혀질까 두려워서 기권한 그 녀석이 겁쟁이지.

수다쟁이 차차는 브르와 고나의 집요한 질문에 당황한 건지 점점 횡설수설했어.

- 비밀이라···, 그 비밀은 너만 알고 있니?
- 모, 몰라! 난 이제 할 얘기 없어! 더 알고 싶으면 왕사슴벌레한테 가서 따져. 푸푸가 갑자기 사라진 날에 둘이서 다투는 걸 내가 똑똑히 봤단 말이야!

차차는 버럭 소리치더니 황급히 자리를 떠났어.

저 녀석 정말 이상해. 친구의 죽음에 슬퍼하지는 못할망정 푸푸의 상처를 아무렇지 않게 떠벌리다니.

그러게. 푸푸의 뿔이 휜 이유는 차차만 알까?

나 더 이상 못하겠어.

추욱~

저런…

푸푸는 차차가 던진 가벼운 말에 상처를 받고 말았어. 해맑던 푸푸의 모습은 사라져 버렸지.

난 뿔 때문에 결투를 포기했던 거야? 약점 때문에 좋아하는 암컷을 두고 도망가는 겁쟁이였다니….

푸푸는 기억을 찾고 싶은 생각이 없어졌어.

기억을 되찾으면 마음 편히 '죽은 곤충의 세계'로 갈 줄 알았는데…. 나에 대해 알면 알수록 더 슬퍼져.

그동안 고마웠어. 나 이제 그만할래.

어쩌면 좋아.

포리는 그때를 놓치지 않고 차차를 낚아챘지.

살려 줘!

휘이잉~! 어디선가 강한 날개바람이 불며 왕사슴벌레가 나타났어.

으악, 내 꼬리! 너는 그때···!

포리는 꼬리를 깨문 왕사슴벌레를 잡으려 빙글 돌았어.

브르와 고나는 그때를 놓치지 않고 도토리 폭탄을 날렸어.

차차를 풀어 줘!

꼬리를 물리고 도토리도 맞은 포리는 결국 차차를 던져 버렸어. 그리고 분하다는 표정으로 도망갔지.

바닥에 굴러떨어진 차차는 배를 훤히 보인 채 뒤집혀 허우적대고 있었어.

🐢 누가 날 좀 뒤집어 줘! 발이 땅에 안 닿아···.

브르와 고나는 낑낑거리며 차차를 뒤집어 주려 애썼지만, 차차의 몸은 너무 크고 무거웠어.

보다 못한 왕사슴벌레가 합류해 차차를 도와줬지.

친구들의 도움으로 무사히 일어선 차차는 고맙다는 말만 남긴 채 부리나케 도망가 버렸어.

저 녀석도 참···. 그런데 푸푸, 넌 왜 그래?

푸푸가 고개를 푹 숙인 채 파르르 떨고 있었어.

푸하하, 포리를 보고 너무 놀라서 그런 거 아냐?

다 기억났어···. 내가 어떻게 죽었는지. 그리고 왜 그곳에 갔는지까지 말이야.

왕사슴벌레는 허공을 보며 누군가와 대화하는 브르와 고나를 이상한 눈으로 쳐다봤어.

정말 다행이다! 도대체 무슨 일이 있었던 거야?

그날은 맛있는 수액을 발견한 날이었어.

🪲 수액 냄새가 얼마나 향기로운지···, 난 먹는 걸 참 좋아했거든. 그런데 먹는 데 정신이 팔려 실수로 발을 헛디뎌 나무에서 떨어져 뒤집히고 말았어.

🪲 그곳은 너무 외진 곳이라 지나가는 곤충도 없었어. 난 그 상태로 며칠간 배고픔에 허덕이다 죽었고···.

👦 시도 때도 없이 배고프다고 했던 게···.
푸푸의 이야기를 듣자 푸푸의 행동을 이해할 수 있었어.

🪲 하지만 배고픔보다 더 괴로웠던 것은 그리운 내 친구, 토토를 못 보고 죽는다는 거였어·

왕사슴벌레가 푸푸를 겁쟁이라 하면서도 계속 찾아다닌 것, 푸푸가 왕사슴벌레의 비밀 장소를 찾은 것까지. 브르는 이 모든 게 우연이 아니었다는 걸 깨달았어.

혹시… 네 이름이 토토니?

어, 어떻게 알았지? 내 이름은 푸푸만 아는데….

브르는 토토에게 푸푸의 죽음에 대한 이야기를 알려 줬어. 토토는 한참을 울다가 입을 열었지.

우리는 우화하면서 장애가 생겼어. 푸푸는 뿔이 휘었고, 난 더듬이 한쪽을 잃었어. 그래서 난 수액을 찾기 어려웠어. 푸푸는 날 도와주려고 수액을 발견하면 신호를 준 뒤, 수액 터를 양보하고 다른 곳으로 도망갔지.

- 거대한 집게를 가진 네 라이벌인데 누가 무시하겠어!
- 하지만 푸푸는 차차와 암컷을 두고 싸우게 되었고, 결투가 다가올수록 괴로워했어.
- 결투하면 내 약점이 들통나겠지…?
- 언제까지 숨기고 살 수는 없잖아. 뿔이 약해도 이길 수 있어! 내가 싸우는 방법을 알려 줄게.

🐛 그렇게 푸푸는 나를 떠났어⋯.

토토의 눈시울이 붉어졌어. 푸푸도 이야기를 들으며 눈물을 흘렸지. 둘의 모습을 보니 브르의 마음이 아팠어.

그때 차차가 주저하며 토토에게 다가왔어.

🐛 저기⋯. 사실 푸푸는 널 불쌍하다고 말한 적 없어.

🐜 뭐? 그, 그게 무슨 말이야?

🐛 사실 나 너희가 훈련하는 걸 우연히 봤어. 강해지는 푸푸의 모습을 보니 결투에서 질까 봐 두려웠고. 그래서 너희의 비밀을 소문내기 전에 결투에서 기권하라고 푸푸를 협박했어. 그리고 내가 협박한 걸 들킬까 봐 너한테는 푸푸가 하지도 않은 말을 지어낸 거야⋯. 정말 미안해.

🧑 둘 사이를 갈라놓으려 한 거군.

🐜 어떻게 그럴 수가 있어? 너 때문에 푸푸가⋯!

🐛 어쩐지 이상했어. 푸푸는 그런 말을 할 친구가 아닌데. 내가 푸푸를 끝까지 믿었더라면⋯. 모두 내 잘못이야!

눈물을 흘리는 토토를 보니 푸푸는 가슴이 너무 아팠어.

🧑 토토, 혹시 푸푸에게 할 말이 있니? 어쩌면 푸푸가 옆에 서 듣고 있을지도 모르잖아.

토토는 눈물을 쓱 닦고 푸푸가 있는 쪽으로 고개를 숙였어.
마치 푸푸가 자신의 곁에 있는 걸 아는 것처럼 말이야.
그리고 말하지 못했던 진심을 전했지.

내 친구 푸푸야,
정말 보고 싶어. 언제나
너를 기억할게…!

딱정벌레

브로의 곤충 탐구 파일

딱딱한 날개를 지닌 곤충들을 '딱정벌레'라고 불러요. 완전 탈바꿈을 하는 딱정벌레는 알에서 태어나 애벌레, 번데기 시기를 거쳐 성충으로 변신한답니다.

다양한 딱정벌레 친구들

[장수풍뎅이]

우리나라에 살고 있는 풍뎅이들 중에 가장 몸집이 커요. 다리와 몸통이 굵어서 힘이 세요. 뿔이 여러 개인 장수풍뎅이도 있어요.

[무당벌레]

등이 동그란 무당벌레는 알록달록 화려한 무늬를 가져요. 하지만 무늬가 전혀 없는 개체도 있답니다. 무당벌레는 진딧물을 먹으며 살아요.

[물방개]

물에서 사는 수생 곤충인 물방개는 주로 연못이나 하천에서 발견돼요. 몸통이 매끄럽고 다리가 길어서 물속을 잘 헤엄쳐 다녀요.

[딱정벌레의 암수 구별]

딱정벌레는 종이 무척 많고 다양해요. 종별로 암컷과 수컷을 구별하는 방법이 다르고, 차이점이 한눈에 안 보이는 곤충도 있어요. 딱정벌레류 중 하나인 하늘소는 더듬이의 길이로 암수를 구별할 수 있어요. 하지만 무당벌레는 암컷과 수컷의 차이를 맨눈으로 확인하기 어렵답니다.

장수풍뎅이의 생김새

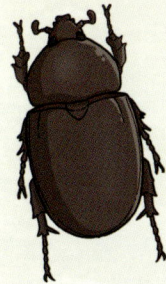

암컷
암컷은 뿔이 없고 몸에 털이 많이 나 있어요.

수컷
수컷은 머리에 커다란 뿔이 있고 몸통에서 반짝반짝 광이 나요.

단단한 등껍질

딱지날개
하늘을 날 때 겉날개인 딱지날개를 활짝 펴요.

속날개
얇은 속날개를 이용해 하늘을 날아요.

딱정벌레는 딱딱한 딱지날개 덕분에 연약한 배와 속날개를 위험으로부터 보호할 수 있어요. 또한 피부의 수분을 유지해 주는 역할도 하지요. 단단한 딱지날개로 스스로를 보호할 수 있었던 딱정벌레는 지구에서 아주 오래전부터 살아올 수 있었어요.

브르의 곤충 탐구 파일
곤충의 더듬이

곤충의 머리에는 한 쌍의 더듬이가 달려 있어요. 이 더듬이는 곤충마다 생김새가 다르지만, 모두 중요한 역할을 해요.

[더듬이의 역할]

곤충은 더듬이를 통해 다양한 감각을 느껴요. 곤충에게 더듬이는 앞을 볼 수 있는 눈의 역할, 냄새를 맡는 코의 역할 등을 해요. 더듬이로 파동을 감지해 물체의 움직임도 알 수 있어요.

더듬이의 구조

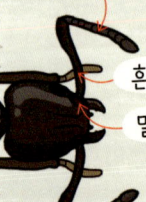

여러 마디로 이루어진 곤충의 더듬이는 길이나 생김새가 무척 다양해요. 곤충의 더듬이는 크게 세 가지로 나뉘어요. 머리와 가장 가까운 부분이 밑마디, 중간의 흔들거리는 부분이 흔들마디, 나머지 마디 전체는 채찍마디예요. 채찍마디의 생김새는 곤충마다 달라요.

다양한 더듬이

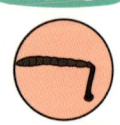

더듬이의 생김새

[나비]

나비의 더듬이는 주로 끝이 뭉툭해요. 종류에 따라 조금씩 다르지만 대부분 더듬이가 곤봉 모양이에요. 이외에도 얇은 막대 모양, 끝이 뾰족한 모양도 있지요.

[나방]

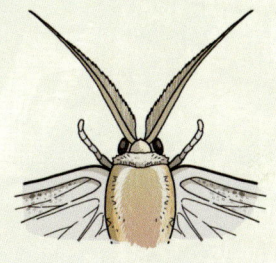

나방의 더듬이도 무척 다양해요. 실처럼 가느다란 더듬이의 양쪽에 털이 나 깃털 같은 모양, 한쪽에만 털이 나 빗살 모양이 되기도 하지요.

[하늘소]

하늘소의 더듬이는 길게 휘어진 채찍 모양이에요. 하늘소는 암수에 따라 더듬이 길이가 다른데, 수컷이 암컷보다 더듬이의 길이가 더 길지요.

[잠자리]

대부분의 잠자리들은 더듬이가 짧아요. 왜냐하면 잠자리는 시력이 무척 좋아서 더듬이의 역할이 많이 필요하지 않기 때문이지요.

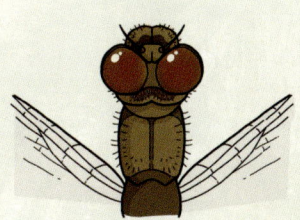

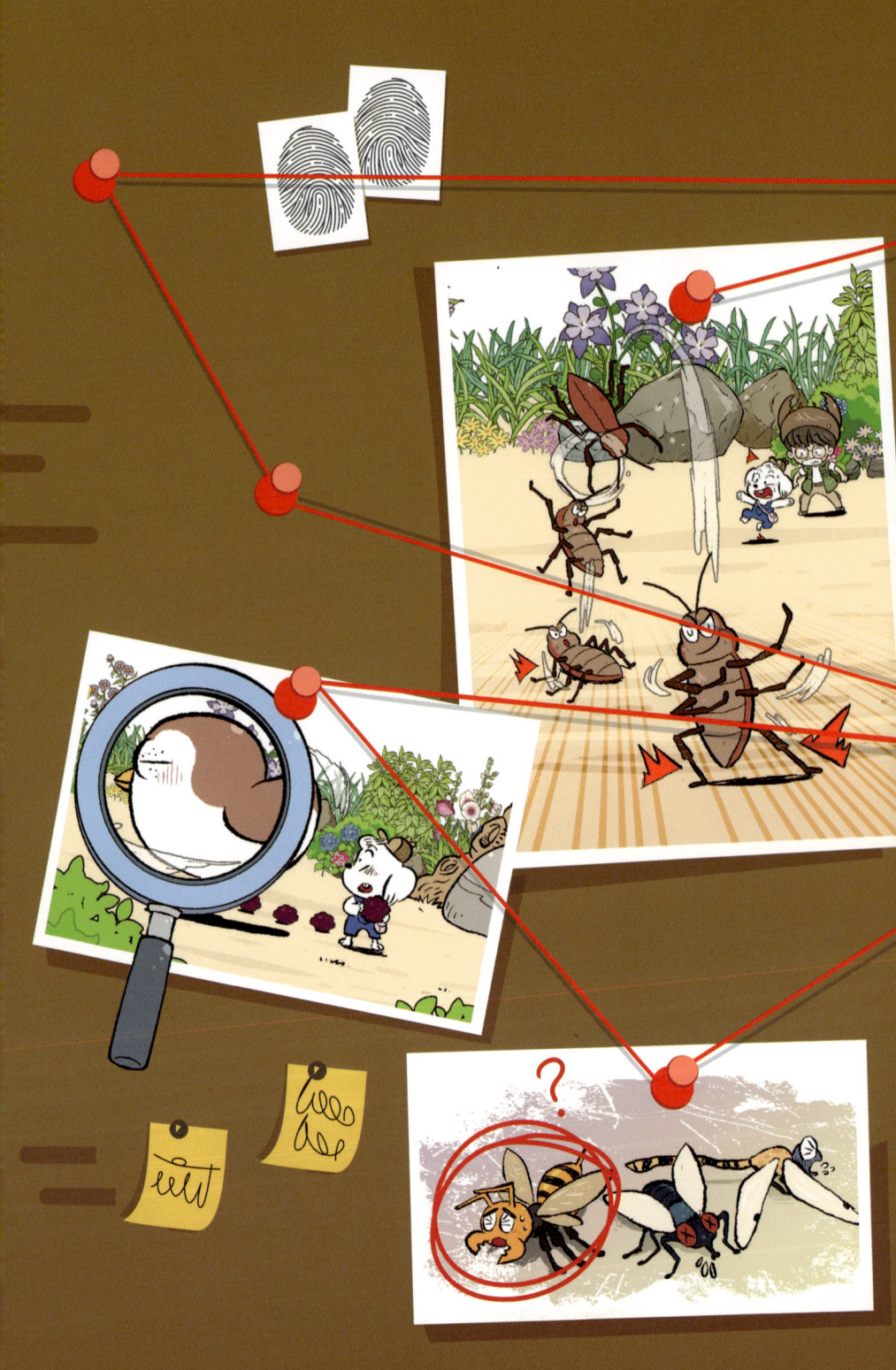

쿵쿵! 고나가 콧구멍을 벌렁거리며 연못가 물풀 사이를 이리저리 돌아다녔어.

드디어 찾았다! 여기 하루살이의 알이 있어!

저런, 알이 저렇게 멀리 날아간 거야? 벌써 햇빛에 말라 가고 있어. 어서 알을 물속에 넣어 주자.

브르는 바람에 날아가 땅에 흩뿌려졌던 하루살이의 알을 손으로 감싸 연못가로 뛰어갔어.

이제 너희 알은 안전하니까 걱정하지 않아도 돼!

알을 찾아 달라고 의뢰한 하루살이 부부는 입이 없어 고맙다는 말을 못했어. 대신 감사하다며 꾸벅 고개를 숙였지. 브르와 고나는 부부의 진심을 마음으로 느낄 수 있었어.

그리고 하루살이 부부는 자신들이 가야 할 곳으로 날아갔지.

🐶 하루살이 성충은 입이 없어서 불편한 게 많을 거 같아. 밥은 어떻게 먹지?

👦 성충이 되면 소화 기관이 없어져서 어차피 밥을 못 먹어. 그래서 하루살이라는 이름처럼 성충이 되고 나면 살 수 있는 날이 무척 짧은 거야.

🐶 힘들게 낳은 알들이 물 밖으로 날아가서 놀랐겠어.

 고나는 어려운 상황에서도 자손을 남기기 위해 노력하는 하루살이가 무척 대단하다고 느껴졌어.

👦 네가 냄새를 잘 맡아서 알을 빨리 찾을 수 있었어.

 훌륭한 탐정으로 입소문이 난 브르와 고나에게 다양한 의뢰가 들어왔어. 그리고 의뢰받은 사건들을 모두 해결해 내며 곤충 탐정으로 유명해질 수 있었지.

브르와 고나는 위풍당당하게 연못가를 걸어 나왔어.

🧒 아 참, 아까 연못가에서 곤충들이 하는 얘기 들었어?

🐶 응! 비행 대회가 열린다며? 다들 그 얘기만 하더라.

🧒 하늘의 *귀재라 불리는 전설의 비행왕 때문에 다들 기대가 큰 것 같아.

🐶 완전 궁금해! 우리도 보러 갈까?

우당탕탕탕! 그때 수상한 물체가 먼지를 일으키며 브르와 고나에게 다가왔어.

*귀재: 세상에서 보기 드물게 뛰어난 재능을 가진 자.

아…안녕! 내 이름은 포퐁이야! 너희 곤충 탐정 맞지?

이 근처에 비행 대회를 준비하던 곤충들이 쓰러져 있어!

수상한 물체는 온몸에 먼지를 뒤집어쓴 딱정벌레, 포퐁이었어. 포퐁은 숨을 헐떡이며 급히 도움을 요청했어.

🐛 곤충들이 쓰러졌다고? 얼른 안내해 줘!

🐛 저 나무 뒤로 가면 돼. 난 도와줄 곤충을 더 불러올게!

우당탕탕탕! 포퐁은 다시 먼지를 일으키며 사라졌어.

나무 뒤로 가자 포퐁의 말대로 여러 곤충들이 구역질로 괴로워하며 바닥에 쓰러져 있었어.

우우엑!

우웩!

욱!

77

브르와 고나는 곤충들의 상태를 살피며 정성껏 치료해 주었어. 곤충들은 차츰 기운을 차리기 시작했지.

- 도와줘서 고마워. 너희는 우리의 은인이야!
- 아냐. 포퐁이라는 친구가 알려 준 덕분에 너희를 도와줄 수 있었어.
- 포퐁이? 먼지만 일으키고 다니는 줄 알았더니···. 나중에 감사 인사를 해야겠네.
- 도대체 무슨 일이 있었던 거야?
- 한창 비행 대회를 준비하는데 풀숲 뒤에서 '뿌앙!' 하고 폭탄이 터지는 소리가 났어. 그리고 지독한 가스 냄새가 나더니 어느 순간 정신을 잃었지.

천둥이 치는 줄 알았다니까!

폭탄이 터지는 소리가 났다는 풀숲 뒤를 살펴본 브르는 심상치 않은 구멍을 발견했어.

바닥이 꺼진 걸 보니, 뭔가가 여기서 터진 것 같아.

바닥의 폭탄 자국…

- 혹시 다른 단서는 없을까?
- 제대로 보진 못했지만, 누군가 하늘을 날아가고 나서 얼마 지나지 않아 터지는 소리가 났어.

휘익

저게 뭐지?

🧒 혹시 그 물체에 대해 더 생각나는 건 없어?

🐛 날아갈 때 그림자가 크게 생겼는데, 워낙 순식간에 지나가는 바람에···.

단서들을 정리할수록 알쏭달쏭했어.

- 누가 하늘에서 폭탄을 던진 걸까?
- 날아가면서 폭탄 방귀를 쐈을지도 몰라.
- 윽…, 방귀를 폭탄처럼 쏘다니, 이건 *테러야!
- 독가스를 발사해 자신을 보호하는 곤충이 있거든. 하지만 이유 없이 이러진 않았을 텐데…
- 사실… 요즘 들어 이상한 소리가 자주 들렸어.

- 하지만 비행 대회가 코앞이라 다들 쉬쉬하는 분위기였지.
- 누군가 비행 대회를 망치려는 게 아닐까?
- 비행 대회에 불만을 가질 만한 곤충이 있니?
- 날지 못하는 곤충들이 비행 대회에 참가할 수 없으니 소외감을 느꼈을지 몰라.

*테러: 폭력을 써서 계획적으로 상대를 공포에 빠뜨리는 행위.

🦗 이 사실을 미르곤 님께서 알게 된다면 얼마나 걱정하실까?

🧑 미르곤? 그게 누군데?

🦗 미르곤 님을 모르다니! 장수잠자리 미르곤 님은 하늘의 귀재, 전설의 비행왕이라고. 비행 대회도 그분의 비행 실력을 본받기 위해 열리는 거야!

다른 곤충들도 우려의 말을 늘어놓았어.

🐞 이런 불길한 일이 벌어졌다는 게 알려지면 비행 대회에 차질이 생길 수도 있어. 제발 범인을 찾아 줘!

🐜 맞아! 이 문제를 해결해 주면 보답으로 비행 대회 VIP석 티켓을 줄게!

고나는 제일 좋은 자리에서 곤충들의 비행 대회를 볼 수 있다는 말에 신이 났어.

🧑 좋아! 우리만 믿어. 반드시 범인을 찾아내겠어!

 브르와 고나는 바람처럼 나타났다 바람처럼 사라져 버린 포퐁을 기다리다, 테러범의 단서를 찾기 위해 먼저 숲을 둘러보기로 했어.

 꼬르륵! 출발하려는 찰나 고나의 배에서 소리가 들렸어.

- 저기, 나 너무 배고파.
- 그러고 보니 아침부터 하루살이 부부를 돕느라 여태 아무것도 못 먹었네!
- 어라? 어디선가 달콤한 냄새가 나잖아?

 킁킁거리며 냄새를 따라간 고나가 뽕나무를 발견했어. 나무 밑에는 오디가 우수수 떨어져 있었지.

🗨 우리 저 오디 좀 먹고 출발하자!

브르도 배가 고프던 참이라 오디가 무척 반가웠지.

고나가 제일 먹음직스러운 오디를 골라 한 입 베어 물려는 찰나였어. 공중에 커다란 그림자가 드리우더니 한쪽 눈이 퉁퉁 부은 뚱뚱보 참새 한 마리가 내려와 오디를 신나게 먹기 시작했어.

먹는 것에 어찌나 집중하는지 옆에 브르와 고나가 있는 것도 모르는 거 같았어.

그런데 참새가 갑자기 고나를 향해 엉덩이를 내밀었어.

끼아아아아아악! 고나 살려어어어!
헉! 거기 누구야?

뿡뿡! 참새는 고나의 비명 소리를 듣고 당황했지만 멈추지 않고 지독한 방귀를 뀌었어.

방귀를 뀔 땐 뒤에 누가 있는지 확인해야지!

이 모습을 지켜본 브르는 참새가 무척 의심스러웠어. 머리 위로 드리운 그림자와 커다란 방귀 소리, 지독한 냄새까지! 테러범의 단서와 모두 일치했거든.

🐂 참새야, 넌 원래 누가 있든 말든 신경 쓰지 않고 큰 소리로 방귀를 뀌니?

🐦 일부러 그러는 건 아냐. 난 방귀를 못 참는 거라고!

방귀 냄새로 곤충들을 기절시키고 잡아먹는 거 아냐?

고나의 질문에 우걱우걱 오디를 먹던 참새가 어이없다는 듯 콧방귀를 뀌었어.

🐦 흥! 한 입 거리도 안 되는 곤충을 방귀로 기절시켜서 잡아먹을 필요가 있을까? 그냥 먹으면 되지!

🐂 흠, 그건 그렇네.

참새의 말도 꽤 일리가 있었어. 참새가 자기보다 훨씬 작은 곤충을 사냥하려고 번거롭게 방귀 냄새로 기절시킬 필요는 없으니까.

- 얼마 전에 어떤 곤충을 먹으려는데, 그 녀석이 독가스를 내 눈에 쏴서 퉁퉁 부었다고!
- 에엥? 뭐야. 벌에 쏘인게 아니었어?
- 혹시 그 곤충이 누구였는지는 기억 안 나?
- 풀숲으로 기어서 도망가는 것만 봤어. 아~ 배고파! 나 이제 식사에 집중해도 될까?

참새는 다시 정신없이 오디를 먹기 시작했어.

뿡뿡! 쩝쩝! 참새는 방귀를 쉴 새 없이 뀌면서 허겁지겁 오디를 먹었어. 그것을 본 고나는 코를 막으며 질색했지.

🧑 저 녀석의 방귀 냄새 때문에 입맛이 뚝 떨어졌어.

브르도 참새의 모습에 배고픔을 잊어버리고 말았어.

🧑 참새가 의심되긴 하지만, 방귀 냄새가 기절할 정도로 강력하지는….

🧑 지독한 음식을 먹고 뀌었을 수도 있잖아!

🧑 그래. 참새가 범인이라고 확신하긴 어렵지만, 몇 가지 단서가 일치하니 용의자로 올려놓자.

브르는 참새와 나눴던 대화를 생각하면 할수록 머리가 복잡했어. 참새의 눈을 퉁퉁 붓게 만든 곤충은 도대체 누구였을까?

용의자
먹보 참새

그때 참새가 휘리릭 하늘로 날아올랐어. 날갯짓이 어찌나 센지 바람이 휭 불며 고나의 모자가 날아가 버렸지.

앗, 내 모자!

모자를 주으러 정신없이 뛰어갔는데… 쿵!

괜찮아? 어디 다친 데는 없어?

브르가 넘어진 고나를 일으켜 모자를 찾아 준 뒤, 앞을 보니 방아벌레가 뒤집힌 채로 누워 있었어.

어이, 앞을 좀 제대로 보고 다니라고!

당황한 브르가 방아벌레를 일으키려 얼른 다가가려는데 방아벌레가 급히 소리를 질렀어.

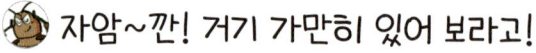 자암~깐! 거기 가만히 있어 보라고!

브르가 주춤하고 멈춰 섰어. 그러자 방아벌레가 기다렸다는 듯 묘기를 부리기 시작했어.

멋지게 착지한 방아벌레는 한참을 가만히 서 있었어.

🐛 어이, 내 묘기를 보고도 박수를 안 치는 거냐?

브르와 고나는 방아벌레의 말에 얼떨결에 박수를 쳤어.

🐶 방금 어떻게 일어난 거야?

🐛 좋은 질문이군. 나는 앞가슴의 뾰족한 돌기를 활용해 '따악!' 소리를 내며 튀어 오른다고.

브르는 의심스러운 눈초리로 방아벌레를 유심히 살폈어.

🧒 튀어 오르는 소리가 예사롭지 않은데?

🐶 난 귀가 먹먹해···.

난 남들보다 청각이 좋아서 더 괴로워.

방아벌레는 자랑스럽게 고개를 치켜들며 으스댔어.

당연하지! 천둥 같은 소리를 내며 뛰어올라 자세를 잡는 걸 흉내 낼 곤충은 없다고.

방아벌레는 입이 닳도록 자신의 점프 기술을 마구 자랑하기 시작했어. 고나는 '천둥 같은 소리'라는 말에 귀가 솔깃했어. 그건 폭탄 방귀 테러범의 단서와 일치했거든.

방아벌레는 고나의 말에 불같이 화를 냈어.

오해였다면 미안해. 혹시 네가 몸을 뒤집을 때 곤충들이 놀라거나, 다친 적은 없었니?

난 누구에게도 피해를 주지 않아! 오히려 나도 피해자야. 숲에서 나는 기괴한 소리에 스트레스를 얼마나 받는데!

네가 낸 소리도 보통이 아닌걸?

나는 '딱딱' 부딪히는 소리가 나지, '뿌앙!' 하며 터지는 기괴한 소리가 아니라고! 다시 한번 들려 줘?

방아벌레는 다시 몸을 벌러덩 뒤집더니 온몸에 힘을 주기 시작했어.

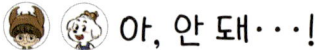 아, 안 돼…!

그리고 아까보다 더 큰 소리로 '따악!' 하고 튀어 올랐어. 그 소리가 어찌나 크던지 브르와 고나는 귀를 막고 그 자리를 피해 도망가야 했지.

이봐! 착지하는 모습까지 보고 가야지!

으아악! 귀청이 떨어질 것 같아!

저, 정말 멋졌어!

다다다다

방아벌레가 다른 곤충에게 피해를 주지 않는다고 하지만, 점프할 때 내는 소리가 의심스러워.

맞아. 그 소리가 천둥처럼 컸잖아. 물론 독한 냄새를 뿜어대지는 않았지만···, 의심되는 부분이 있으니 우선 용의자로 올려놓자.

콰악! 수첩에 방아벌레를 두 번째 용의자라고 적는 데 집중한 고나는 앞을 못 보고 누군가의 발을 밟고 말았어.

제대로 사과하기도 전에 노린재한테서 엄청난 냄새가 뿜어져 나오기 시작했어.

- 우에엑! 뭐야, 이 지독한 냄새는…?
- 으윽, 노린재는 공격받으면 악취를 내뿜는다고!

노린재는 겁에 질린 듯 벌벌 떨었어.

- 낯선 인간과 강아지라니…, 나를 잡으러 온 거지?
- 무슨 소리야! 발을 밟은 건 실수야. 게다가 낯선 인간과 강아지가 뭐야? 우린 엄연한 곤충 탐정이야! 다른 곤충들한테 우리 얘기 못 들었어?
- 곤충 탐정이든 뭐든 나랑 상관없고, 난 아무에게 관심 없으니 제발 날 홀로 내버려 둬…!

버럭 소리를 지르는 노린재 주변으로 더 지독한 냄새가 새어 나오기 시작했어.

🧑 윽, 도저히 못 참겠어. 우선 도망가자!

지독한 냄새에 브르와 고나는 줄행랑치고 말았어. 온몸에서 노린재가 뿜은 악취가 났지.

👦 천적들이 노린재를 사냥하고 나서 뱉어 버리는 이유를 알겠어. 냄새가 정말 심하잖아!

브르와 고나는 지독한 냄새에 질려 커다란 바위 위에 주저앉고 말았어.

그때, 곤충들이 쓰러졌다는 것을 알려 준 포퐁이 다시 나타났어.

앗! 포퐁이구나!

노린재가 쫓아왔을까 봐 잔뜩 겁먹었던 고나는 포퐁을 보고 괜히 반가운 마음이 들었어.

물론 브르는 겁쟁이 노린재가 쫓아와서까지 괴롭힐 거라 생각하지 않았지만 말이야.

이 독한 냄새는 대체 뭐야?

실수로 노린재의 발을 밟는 바람에 지독한 냄새 폭탄을 맞고 말았어.

🐭 이 정도면 강력한 용의자로 봐도 되겠어.
저 냄새에 오래 노출되면 다 기절할 거라고.

🐯 푸하하, 노린재 냄새에 단단히 놀랐구나?

🐯 혹시 이 냄새를 없애는 방법을 알고 있니?

🐭 너무 괴로워···, 웩!

포퐁은 구역질하는 고나를 보고 재미있는 생각이 났는지 한 가지 제안을 했어.

🐯 내가 냄새를 없애 줄게. 대신 내가 내는 알쏭달쏭한 퀴즈를 맞힌다면~!

알쏭달쏭 퀴즈

그림과 초성을 보고 퀴즈를 풀어 보세요.

1. 아몬드가 죽으면?

ㄷ ㅇ ㅇ ㅁ ㄷ

2. 왕이 넘어지면?

ㅋ ㅋ

3. 달이 방귀를 뀌면?

ㅁ ㅂ ㄱ

4. 신발이 화가 나면?

ㅅ ㅂ ㄲ

5. 우유가 넘어지면?

6. 소가 계단을 오르면?

7. 소나무가 화나면?

8. 곰이 다니는 목욕탕은?

정답은 142쪽에!

🗣 정답을 다 맞히다니, 역시 명탐정이군! 약속대로 냄새를 없애 줄게~!

포퐁은 브르와 고나의 주위를 엄청난 속도로 돌면서 먼지 바람을 일으켰어. 어찌나 빨리 도는지 포퐁의 발이 안 보일 정도였지.

그 바람에 브르와 고나는 먼지를 뒤집어쓰게 되었어. 덕분에 냄새는 전부 없어지긴 했지만 말이야.

"먼지 덕분에 구린내는 없어졌네…."

"네가 왜 항상 먼지를 뒤집어쓰는지 알겠다."

- 아! 아까 다친 곤충들은 어떻게 됐어? 도와줄 곤충을 부르러 가려는데, 나의 우상 미르곤 님을 봤거든. 미르곤 님을 쫓아가느라 다른 곤충 부르는 걸 잊어버렸네?
- 걱정하지 마! 곤충들은 모두 무사해.

먼지에 가려 정체를 파악하기 어려운 것처럼 포퐁은 정말 알 수 없는 친구였어.

- 헤헤~, 내가 원래 하나에 빠지면 다른 것에 신경을 못 써. 게다가 너희가 갔으니 안심도 됐고.

브르와 고나는 포퐁의 칭찬에 감동받았어. 그리고 숲을 이리저리 바쁘게 돌아다니는 포퐁이라면 분명 폭탄 방귀 테러 사건에 대해서도 잘 알 거라고 생각했어.

하늘 위를 날던 미르곤이 브르와 고나를 발견하고 땅으로 내려왔어. 미르곤은 풀잎에 살포시 착지한 뒤, 브르와 고나에게 인사를 했지. 그 모습이 어찌나 우아하던지 넋을 놓고 바라보게 되었어.

🐛 자네가 곤충 탐정 정브르군.

미르곤은 근심 가득한 표정을 짓고 있었어.

🐛 비행 대회를 앞두고 폭탄 방귀 테러가 발생했다는 소식을 듣고 걱정이 되어 자네를 찾아다니던 중이었네. 테러범은 찾았는가?

🐭 숲속 곤충들을 탐문 중이니, 곧 범인을 찾을 수 있을 겁니다.

🐛 잘 부탁하네. 비행 대회는 곤충들에게 중요한 행사이니, 그 전에 꼭 범인을 잡아 주길 바라네.

🐛 혹시 비행 대회에 불만을 가진 곤충이 있을까요?

🐛 날지 못하는 곤충들이 시샘하기도 했지만, 테러를 일으킬 정도로 불만을 가지진 않았을 게야. 그들과 우리의 세계는 다르니 말이야···

미르곤의 말에 포풍의 얼굴이 어두워졌어.

🐛 흠흠, 그리고 나 또한 낮게 비행할 때마다 여기저기서 고약한 냄새가 나서 수상하게 여겼었네. 폭탄 방귀 테러범의 정체가 무척 궁금할 뿐일세.

🐛 역시 미르곤 님도 이상한 냄새를 맡았군요···

그때 포퐁이 미르곤 앞으로 뛰어나갔어.

🛡️ 미르곤 님, 안녕하세요. 저는 포퐁이에요. 이번 비행 대회에서 미르곤 님과 함께 날고 싶어요.

브르는 포퐁의 말을 듣고 깜짝 놀랐어. 먼지에 가려져 잘 보이지는 않았지만 포퐁은 날지 못할 것 같았거든. 미르곤은 냉정한 얼굴로 포퐁을 쳐다봤어.

🐛 어리석구나! 네 날개는 퇴화하여 날 수가 없는데 어떻게 비행 대회에 나가겠다는 것이냐?

포퐁이라고 했느냐? 헛된 꿈은 버리고 너의 세계에서 살거라!

아…

미르곤은 그 말을 끝으로 순식간에 하늘 위로 날아가 버렸어. 고나는 포퐁을 위로해 주려고 했지만 포퐁은 오히려 기운이 넘쳐 희망에 찬 얼굴을 하고 있었어.

"미르곤 님이 내 이름을 불렀어!"

"나, 꼭 열심히 연습해서 미르곤 님과 같이 비행할 거야!"

쓴소리에도 기죽지 않는 포퐁의 모습이 멋져 보였어.

"정말 대단하다."

와!

🧒 그런데 날개도 없이 어떻게 날겠다는 거야?

하지만 날지 못하는 포퐁이 어떻게 비행 대회에 나가겠다는 건지 궁금해졌어.

🦉 걱정하지 마! 난 나만의 기술이 있거든!

🐶 어떤 기술?

🦉 바로 비행 연습이지!

대답과 동시에 포퐁은 자리를 박차고 나갔어.

비행 대회 때 내가 나는 모습을 꼭 보러 오라고!

우다다다

비행 연습! 비행 연습!

못 말려….

끄덕

도대체 어떤 기술이 있다는 거야?

- 포퐁에게 테러범에 대해 묻는다는 걸 깜빡했어.
- 갑자기 나타났다 순식간에 사라졌으니···.

고나는 아쉬움을 뒤로하고 다시 미르곤의 말을 생각했어.

- 미르곤 님도 낮게 비행할 때 고약한 냄새를 맡았다는 걸 보면 지독한 냄새의 방귀를 뀌는 참새나 노린재가 범인일 가능성이 높지 않을까?

- 노린재는 냄새를 뿜을 때 큰 소리를 내지 않았으니, 참새가 좀 더 유력하긴 하군.
- 게다가 참새는 하늘을 높이 날아다니니까 왕파리가 말한 단서와도 일치해.
- 참새가 범인이라면 왜 테러를 일으켰을까? 사냥이 목적이었다면 그냥 잡아먹어도 되었을 텐데···.
- 그럼 노린재인가···?
- 노린재는 비행 대회에 관심이 없어 보였어. 겁도 너무 많아 보였고.
- 미르곤 님이 자기를 공격할까 봐 냄새로 쫓으려던 거 아냐? 무서워서 말이야!

브르는 이때까지 나온 단서들을 머릿속에서 차근차근 정리해 봤어.

1. 비행 대회를 준비하면서 폭탄 방귀 테러 사건이 발생했다.

2. '뿌앙!' 하는 큰 소리와 함께 지독한 냄새가 났다.

3. 미르곤이 낮게 비행할 때마다 이상한 냄새를 맡았다.

우리가 잘못 생각했을지도 몰라···!

왜 그래? 범인이 누군지 알 것 같아? 난 아직 모르겠는데?

지금까지 테러 사건이 비행 대회에 참가하는 곤충들을 노린 거라고 생각했는데, 그게 아닌 거 같아!

브르는 폭탄 방귀 테러가 어쩌면 미르곤을 노리는 게 아닐까 하는 의심이 들었어.

고나, 아무래도 비행 대회를 준비하는 곤충들을 다시 만나 봐야겠어.

브르와 고나는 비행 대회를 정성껏 준비하는 곤충들을 다시 찾아갔어.

곤충들은 몸을 추스르고 열심히 비행 대회를 준비하고 있었어. 곤충들은 브르와 고나를 보고 반가워했지.

- 다시 돌아왔구나? 테러범은 찾았어?
- 도대체 범인이 누구야?

브르는 어색하게 웃으며 곤충들을 진정시켰어.

- 아직 못 찾았어. 그런데 이상한 점이 있어서 너희에게 물으러 왔어.
- 그게 뭔데?

🛡 미르곤 님과 대화를 나눴는데···.

브르의 말을 듣자마자 곤충들은 웅성거렸어.

🐞🪰🐛 미르곤 님과 대화했다고? 정말 부럽다!

곤충들의 부러움을 한 몸에 받자 고나는 어깨가 으쓱해졌어. 그리고 약간은 우쭐대며 물었지.

👧 그게 그렇게 대단한 거야?

💬 당연하지! 미르곤 님은 전설 같은 분이셔.

🪰 대회에서 1등을 하면 미르곤 님과 따로 비행할 수 있어. 그것만으로도 다시없는 영광으로 생각한다고.

그제야 고나는 곤충들에게 미르곤의 존재가 엄청나다는 것을 깨달았어.

- 그렇구나. 미르곤 님이 낮게 비행할 때마다 고약한 냄새를 맡았다고 했거든.
- 비행 대회 준비가 잘 되고 있는지 살펴보느라 낮게 날 때가 종종 있었어.
- 그러고 보니 미르곤 님이 낮게 비행할 때마다 주변에서 이상한 소리와 고약한 냄새가 났던 것 같아!
- 나 이제 기억나. 아까 머리 위로 지나간 게 미르곤 님이었던 것 같아. 미르곤 님에게 무슨 일이 생기면 어떡해!

곤충들은 미르곤을 걱정하며 소란스러워졌어.

- 미르곤 님은 비행 대회의 상징과도 같은 분이야! 그런 분께 무슨 일이 생기면···.
- 미르곤 님이 없는 비행 대회는 존재할 수 없어!

브르가 불안에 떠는 왕파리의 손을 잡았어.

🥽 걱정 마. 미르곤 님한테는 아무 일도 없을 거야. 내가 약속할게.

🪰 부탁할게. 우리의 비행 대회와 미르곤 님을 지켜 줘!

곤충들은 그 어느 때보다도 간절해 보였어. 브르와 고나는 그런 곤충들을 안심시키기 위해 씩씩하게 외쳤어.

베테랑 곤충 탐정 브르와 고나만 믿으라고!

마침 미르곤이 브르와 고나를 응원하듯이 커다란 날개를 휘저으며 머리 위로 날아갔어. 그 모습에 곤충들이 환호성을 지르며 기뻐했어.

- 미르곤 님이야!
- 우릴 응원해 주시는 게 분명해!
- 연못가로 가시는 걸 보니 잠시 쉬실 건가 봐!

미르곤의 등장에 곤충들은 잠시나마 활기를 찾은 것 같았어.

뿌앙! 미르곤이 날아가고 얼마 지나지 않아 폭탄이 터지는 소리가 났어.

🧒👧 폭탄 방귀 테러범이 근처에 있나 봐!

곧이어 고약한 냄새가 고나의 코를 찔렀어.

👧 끼아아악! 완전 고약하잖아?

브르도 지독한 냄새를 느낄 수 있었어.

🧒 혹시 이 냄새가 노린재가 내는 냄새와 같아?

👧 킁킁킁! 아니, 노린재의 악취와는 달라. 이건 완전 독가스 수준인데? 내가 냄새를 쫓아가 볼게.

고나는 바닥의 냄새를 맡으며 앞으로 가고 있었어. 그러다 익숙한 발소리에 고개를 들었는데….

얘들아! 미르곤 님이 방금 날아갔지?

으아아앗, 깜짝이야. 어디서 나온 거야? 여긴 위험한데….

내가 드디어 미르곤 님의 높이까지 날았단 말이야! 미르곤 님에게 보여 줘야 해! 어디로 갔어?

고나는 포퐁의 낯선 모습에 당황하고 말았어.

고나와 브르를 쫓아온 왕파리가 얼떨결에 앞다리로 연못가 쪽을 가리켰어.

🪰 여, 연못가로 가셨어.

🐛 포퐁, 그런데 네가 온 쪽에서 이상한 냄새가···.

미르곤의 위치를 알게 된 포퐁은 브르의 말이 끝나기도 전에 쌩 달려가 버리고 말았어. 모두가 포퐁의 행동을 이상하다고 생각했어.

🐛 포퐁이 나타난 방향에서 폭탄 터지는 소리와 냄새가 난 게 수상해!

🐶 그렇지만 포퐁은 미르곤 님을 무척 동경하잖아···.

브르는 마음이 무거웠어. 왜냐하면 포퐁이 미르곤에게 너무 집착한다는 게 왠지 마음에 걸렸거든.

🐛 저 녀석, 아직도 비행 대회에 대한 미련을 못 버렸나 봐.

🐞 하늘을 날지도 못하는 폭탄먼지벌레가 대회에 나가려 하다니…, 쯧쯧.

🧒 뭐? 포퐁이 폭탄먼지벌레라고?

🐞 먼지에 뒤덮여 있어서 몰랐구나? 저 녀석은 미르곤 님의 광팬이야. 미르곤 님이 가는 곳은 어디든지 따라다닌다니까!

순간 브르는 포퐁이 했던 말이 생각났어.

어떻게 날 수 있어?

나만의 기술이 있어!

🧒 우선 방금 폭탄 소리가 난 곳부터 확인해 봐야겠어. 냄새가 나는 방향으로 가 보자!

🐶 어서 가자! 내가 길을 안내할게.

🐶 이곳이야!

　폭탄 방귀가 터진 장소는 군데군데 땅이 꺼져 있고, 지독한 냄새가 풍겼어.

🪲 고나, 이것 좀 봐!

　브르가 가리킨 곳에는 익숙한 나뭇가지가 떨어져 있었어. 그것을 본 고나는 얼굴이 하얗게 질려 버렸어.

🐶 말도 안 돼! 이건 포퐁의 머리에
　달려 있던 거잖아!

🪲 포퐁이 테러범일지도 몰라!
　그 녀석을 막아야 해!

미르곤이 위험해!

뭐?

그 시각, 미르곤은 고요한 연못에서 휴식을 취하고 있었어. 이제 막 피어나기 시작한 연꽃의 봉우리에 앉아 날개를 축 늘어뜨린 채 쉬고 있었지.

포퐁이 자신을 지켜보는지도 모르고 말이야.

스르륵! 풀숲 뒤에서 미르곤을 지켜보던 포퐁이 미르곤에게 서서히 다가가려던 순간이었어.

🐸 오늘 점심은 너로 정했다!

　잔뜩 굶주린 개구리가 미르곤이 쉬던 연꽃 아래에서 슬그머니 고개를 내밀었어. 그리곤 순식간에 미르곤을 향해 입을 쩌억 벌리며 뛰어올랐어.

뿌앙! 풀숲 뒤에 있던 포풍이 굉음을 내며 하늘을 날아올라 개구리의 입속으로 쏙 들어갔어. 포풍 덕분에 미르곤은 무사히 도망칠 수 있었지.

갑작스레 벌어진 일에 개구리는 깜짝 놀라고 말았어.

그리고 입속에서 몇 차례 굉음이 울리더니 개구리가 몸을 파르르 떨었어.

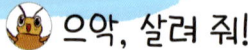 가, 갑자기 왜 저러지?

아이고, 나 죽네! 입 안에서 폭탄이 터졌어!

으악, 살려 줘!

 포퐁!

포퐁을 뱉은 개구리는 후다닥 도망갔어. 포퐁은 물속에서 허우적거렸지.

포풍이 허우적대는 것을 본 미르곤이 포풍을 집어 하늘 위로 올라갔어.

하늘 높이 올라간 포풍은 시원한 바람과 쏟아지는 햇살을 맞으며 부스스 눈을 떴어.

미, 미르곤 님께서 저를···.

동경하는 미르곤이 자신을 구해 줬다는 사실을 깨닫자 포풍은 너무 행복해서 말을 잇지 못했어.

미르곤은 포풍을 브르와 고나가 있는 곳에 안전하게 내려 주었지.

땅에 내려온 포풍은 미르곤과 함께 하늘을 날았다는 사실에 한동안 멍해 있었어.

🐛 고맙구나, 포풍! 너는 나의 생명을 구해준 은인이다.

너의 용기에 존경을 표한다!

🐞 별말씀을요. 저야말로 평생의 소원을 이루었어요.

🐛 너는 먼지를 일으키는 빠른 발과 개구리도 물리치는 멋진 무기를 가진 곤충이다. 그러니 네 능력을 귀하게 여기도록 하여라! 나도 늘 응원하마!

미르곤은 다시 한 번 포풍에게 인사를 하고 날아갔어. 물에 빠진 덕분에 먼지가 모두 씻겨진 포풍은 깔끔한 모습으로 멀어지는 미르곤에게 인사를 했어.

너 꽤 멀쩡한 아이였구나?

네가 폭탄먼지벌레일 줄은 상상도 못했어!

그 이름은 너무 창피해! 비밀 무기 같다고.

　자신이 곤충들에게 폭탄 방귀를 쏜 줄도 모른 채 해맑게 웃는 포퐁이 무척 얄밉게 느껴졌어.

너…, 네가 무슨 짓을 하고 다녔는지 모르는 거야?

사건의 전말은 이랬어. 폭탄 방귀의 추진력으로 자신의 점프 능력을 발견한 포퐁은 미르곤이 나타날 때마다 미르곤에게 날아가기 위해 폭탄 방귀를 뿜어댄 거야.

사건이 있던 날도 비행 대회를 준비하던 곤충들이 근처에 있는지도 모르고 폭탄 방귀를 발사했을 거야. 그 바람에 곤충들이 독가스에 무방비하게 노출된 거였고.

- 내가 다른 곤충들에게 피해를 줬다고?
- 그래, 독한 냄새에 다른 곤충들이 정신을 잃은 거야.
- 어떡해! 난 그런 줄도 모르고···. 어서 친구들에게 사과하러 가야겠어!

포풍은 또 먼지를 일으키며 사라지고 말았어.

- 정말 알 수 없다니까···.

며칠 뒤, 비행 대회가 성대하게 열렸어. 비행 대회에 참가하는 곤충들을 응원하는 소리가 숲속에 울려 퍼졌지. 브르와 고나, 포퐁은 VIP석에 앉아 비행 대회를 관람할 수 있었어.

자! 곤충들의 축제, 비행 대회가 시작되었음을 알립니다.

미르곤이 날갯짓을 크게 하며 대회 시작을 알리자 곤충들이 저마다 하늘 높이 날아오르기 시작했어.

곤충들의 날갯소리는 음악처럼 숲속에 울려 퍼졌어.
반짝반짝 날갯짓하는 모습은 춤을 추는 것 같았지.
브르와 고나, 포퐁은 그 경이로운 모습에 자신들도 함께 하늘을 나는 듯한 기분이 들었어.

나른한 오후였어. 곤충하모니에서 쉬던 고나가 꾸벅꾸벅 졸고 있었지. 그런 고나를 놀라게 해 주려고 브르가 몰래 다가갔는데….

> 나도 태워 줘, 미르곤…!

> 깜짝이야!

- 아, 미르곤에게 업혀서 하늘을 날고 싶었는데!
  고나는 미르곤과 함께 비행한 포퐁이 부러웠어.
- 휴, 포퐁이 개구리를 이길 정도로 강한 독가스를 발사하다니, 대단하면서도 무서워.
- 곤충들은 천적에게서 몸을 보호하기 위해 다양한 방식으로 진화하거든!
- 곤충 세계는 알면 알수록 멋지고 신비한 것 같아!

🔶 물자라에게 무슨 일이 벌어진 것 같아.

🐭 물자라라면 물에 사는 곤충일 텐데···!

물속에서 사는 수생 곤충의 의뢰는 처음이었어.

고나는 자신의 유명세가 수생 곤충들에게까지 퍼졌다는 생각에 우쭐해졌어.

🔶 긴급 요청을 한 걸 보면 무척 급한 일이 생긴 것 같아!

브르는 곤충하모니의 사물함에서 장화를 챙겨 나왔어.

물자라야, 조금만 기다려! 우리가 갈게!

렛츠 기릿!!

다 다 다 다

브르의 곤충 탐구 파일
독이 있는 곤충

적에게 위협을 받았을 때 무시무시한 독가스를 발사하거나 독액을 내뿜는 위험한 곤충들이 있어요. 독을 이용해 곤충들은 자신의 몸을 안전하게 지킬 수도 있고 적을 공격할 수도 있지요.

독침을 쏘는 곤충

서식지: 삼림, 땅속

[말벌]

말벌의 무기는 몸통 끝에 있는 독침이에요. 말벌의 독침에 쏘이면 쏘인 부위가 붓고, 가렵고 아플 수 있어요. 덩치가 클수록 독이 더 많이 들어 있어, 가장 큰 말벌인 장수말벌의 독은 훨씬 아프고 위험해요.

[총알개미]

서식지: 열대 우림

총알개미는 말벌처럼 강력한 침을 가지고 있는데, 이 침에 쏘이면 총알이 박힌 것처럼 아프다고 해서 '총알개미'라고 불러요. 포악한 성격을 가진 총알개미에게 쏘이면 엄청난 고통이 24시간이나 지속되고, 심하면 호흡 곤란이 생길 수도 있어요.

독가스를 내뿜는 곤충

[폭탄먼지벌레]

서식지: 습한 지대

폭탄먼지벌레는 위협을 받으면 배의 끝 부분의 분비샘에서 독한 산성 물질을 내뿜어 자신을 보호해요. 이 모습이 마치 방귀를 뀌는 것 같다고 해서 '방귀벌레'라고도 불러요. 폭탄먼지벌레의 독가스에 닿으면 피부가 따갑고 부어오를 수 있어요.

독액을 내뿜는 곤충

[청딱지개미반날개]

서식지: 습한 지대

청딱지개미반날개는 몸속에 독성 물질이 있어요. 그래서 몸에 닿거나 물릴 경우, 피부가 붉게 변하고 물집이 생기는 등의 피부 염증을 일으켜요. 닿기만 해도 화상을 입은 것 같이 아프다고 해서 '화상벌레'라고도 불러요.

털에 독이 있는 곤충

[독나방]

서식지: 삼림

독나방은 애벌레 때부터 몸에 미세한 털이 나 있어요. 이 털에는 독이 있기 때문에 독나방에 닿으면 피부가 무척 따가울 수 있어요.

브르의 곤충 탐구 파일

곤충의 특수한 능력

뛰어난 능력을 지닌 곤충들이 있어요. 다른 곤충보다 빠르게 나는 곤충, 더 멀리 뛰는 곤충, 힘이 센 곤충 등 저마다 특별한 능력을 가진 곤충들을 만나 봐요.

비행왕! 잠자리

서식지: 물가

잠자리는 세계 곳곳에서 볼 수 있는 비행 곤충이에요. 잠자리는 종류에 따라 다르지만, 약 시속 60km의 빠른 속도를 자랑해요. 게다가 공중에 정지한 채로 나는 등 다양한 비행 능력을 갖추고 있죠.

쌔앵-

점프왕! 거품벌레

서식지: 습한 지대

폴짝!

몸길이가 약 10mm인 거품벌레는 식물에 거품집을 만들어 살아요. 거품벌레는 몸집이 작지만 약 70cm를 뛸 수 있는 높이뛰기 선수예요. 이렇게 높이 뛸 수 있는 이유는 뒷다리와 가슴 근육이 연결되어 있기 때문이지요.

달리기왕! 길앞잡이

서식지: 삼림, 들

길앞잡이는 기어 다니는 속도가 무척 빠른 곤충이에요. 1초에 2.5m 정도 이동할 수 있어요. 사람들이 산길을 걸을 때, 앞서 도망 다니는 특성으로 인해 '길앞잡이'라는 이름이 붙여졌어요.

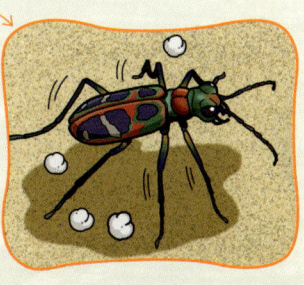

힘왕! 장수풍뎅이

서식지: 나무 수액

수컷 장수풍뎅이는 커다란 뿔을 가지고 있어요. 장수풍뎅이는 뿔로 다른 곤충들을 들어 올려서 던질 수 있을 만큼 힘이 세요. 특히 크기가 무척 큰 '헤라클레스왕장수풍뎅이'는 몸길이가 18cm 정도라고 해요.

물 위를 걷는! 소금쟁이

서식지: 하천, 저수지

소금쟁이는 다리의 털 덕분에 물 위에 떠서 움직일 수 있는 수생 곤충이에요. 이동하는 속도도 무척 빠르죠. 소금쟁이는 물 위에 떨어진 곤충들의 피를 빨아 먹으며 살아요.

정답

56~57쪽

정답을 맞혔는지 확인해 봐!

100~101쪽

반려 생물 자랑 대회 명예의 전당

곤충 탐정 정브르 ①

첫 번째 반려 생물 자랑 대회에 입상한 친구들, 축하합니다!

사슴벌레를 사랑스럽게 쳐다보는 게 멋져요.

@mewogurl
사슴벌레와 그의 아기들(애벌레)

@daepa0
크레스티드게코 래울이

멋진 핸들링! 대단한걸요?

@yinails
단우가 기르는 사마귀

열심히 움직이는 사마귀가 정말 귀여워요.

@bori2813
금붕어 친구들
키티, 보리, 순대, 나비, 붕어

@happydamdam
우리 집 반려동물 거북

매력 만점! 거북아 오래오래 건강하게 살아!

독특한 이름을 가진 금붕어 친구들, 건강하게 잘 지냈으면 좋겠어요.

컬러링

브르와 고나의 모습을 알록달록하게 색칠해 보세요.

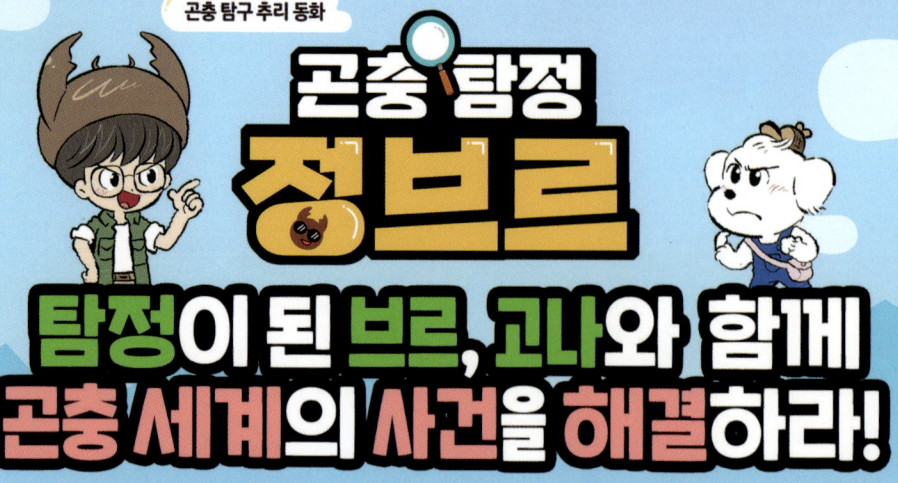

유튜브 인기 애니메이션
뚜식이

우리는 사이좋은 남매!

엉뚱 발랄 **뚜식이 뚜순이** 남매의 웃음 폭탄 이야기!

하하하

"오늘 읽을 〈뚜식이〉를 내일로 미루지 말라!"
- 천재 뚜식이의 말씀

뚜식이 특★판

ⓒ뚜식이, ⓒSANDBOX NETWORK.

구입문의 02-791-0708 (출판마케팅) 서울문화사

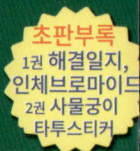

무한의 계단
발명코믹북 3권 출간!

"난 끝까지 살아남아, 소원을 이룰 거야!"

즐거움이 빵빵! 무한의 계단 시리즈

- 세계사 속으로 GO!
- 캐릭터 집중 공략
- 비밀 미션 게임

INFINITE STAIRS © NFLY.S

구입문의: 02-791-0708 서울문화사